AF360024

Fr. MEUNIER

GALILÉE ET DÉCAPOLE

(DEUXIÈME ÉDITION)

(Du Carmel à Tibériade)

LILLE

IMPRIMERIE VICTOR DUCOULOMBIER

Rue de l'Hôpital-Militaire, 78

1892

PERMIS D'IMPRIMER :

Cambrai, le 1ᵉʳ Octobre 1892.

C.-J. DESTOMBES,

Vic. Cap.

INTRODUCTION

〜〜〜〜〜〜〜

Audi me, quod vidi narrabo tibi.

Ecoutez ; ce que j'ai vu, je vous le
raconterai.   Job. xv, 17.

Le nom de Galilée de *(Galîl)* qui en
hébreu signifie cercle ou province,
apparaît pour la première fois dans les
livres saints, à propos de la ville de
Cadès de la tribu de Nepthtali (1). Au
temps d'Isaïe elle était tellement peuplée
de gentils que le prophète la désignait
sous le nom de *Galilea gentium* (2),
état de chose qui durait au temps des
Machabées, car les juifs y étaient encore
opprimés par les ennemis de la religion
(3). Les juifs qui l'habitaient alors,

(1) Jos. xx, 2. — (2) Is. ix, 1. — (3) I Mach v. 15.

étaient des descendants des tribus de Judas et de Benjamin, qui au rapport de Flavius Josèphe étaient venus au retour de la captivité, se fixer en Galilée, pays très fertile situé au N. W. de la Palestine.(1).

Ses limites fort vastes étaient : le Liban, la Cœle-Syrie, le Jourdain et la chaîne du Mont Gelboé au Carmel ; elle comprenait les tribus de Zabulon, d'Issachar, et par extension, celles d'Aser, de Nephtali, de Manassé et de Gad. Au N. W. de la Galilée, se trouvait la Décapole qui, ainsi que son nom l'indique, était une confédération de dix villes soumises à l'autorité immédiate des romains et jouissant de privilèges particuliers ; c'étaient selon Pline Scythopolis, Dion, Kaphanée, Chanath, Hippos, Philadelphie, Damas, Gerara, Gadara et Capharnaüm. C'est dans cette dernière ville qu'après la cruelle

(1) Flav. Josèphe A. xvi ; § vi, 2. — B. iii ; § iii.

et ironique réception de ses compatriotes, Notre Seigneur fixa sa résidence et séjournait, surtout pendant la mauvaise saison, chez Simon Pierre (1).

S'il est une province qui fut aimée et préférée de Notre Seigneur, ce fut certainement la Galilée, qui atteignit alors sa plus grande prospérité. On n'est pas surpris qu'y ayant passé les plus belles années de sa jeunesse et de son adolescence, il y ait choisi ses fidèles apôtres, et formé ses premiers disciples dont quelques-uns lui étaient unis par les liens de la parenté. Trois fois il y revint pendant sa vie publique ; elle fut le théâtre de sa transfiguration, et du plus grand nombre de ses miracles ; il y prononça ses instructives et touchantes paraboles et y laissa le sublime résumé de sa doctrine dans les discours des Béatitudes.

(1) Saint Luc IV, 17

Après sa résurrection, Notre Seigneur reparut encore dans ce pays si cher à son cœur, et ses disciples y reçurent ses dernières instructions.

S'il est une région de la Palestine où le pèlerin avance lentement, c'est incontestablement la Galilée. Les faits historiques et les prodiges de l'Ancien et du Nouveau Testament y sont tellement multipliés, qu'il ne peut faire un pas sans qu'un grand souvenir ne ressuscite en quelque sorte des temps anciens, ou sans fouler une de ces traces de la puissance et de la divinité du Sauveur.

Les ruisseaux, les vallons, les montagnes, les arbres et jusqu'aux pierres elles-mêmes semblent s'y animer pour faire revivre ces héros de l'Ancien Testament, ou pour célébrer la gloire du divin Maître, qui jadis les marquait de l'empreinte de ses pas.

Le meilleur port pour aborder en

Terre-Sainte étant actuellement (1892) et sous tous les rapports celui de Caïpha, au pied du Mont-Carmel, nous l'avons souvent choisi et préféré pour le lieu de notre débarquement (1).

(1) Le pèlerinage annuel de la Pénitence et celui de la grande caravane ont si bien compris l'avantage qu'il y avait de commencer une excursion en Terre-Sainte par la Galilée, qu'ils débutent toujours par visiter Le Carmel et Nazareth avant Jérusalem. Le port de Caïpha n'est desservi que par deux services réguliers. Le Loyd autrichien (bi-hebdomadaire) et la compagnie Fabre (mensuel) bon nombre de pyroscaphes irréguliers s'y arrêtent également.

CHAPITRE I

Du Mont Carmel à Nazareth

Caïpha. Avant que l'œil du pèlerin ait encore pu distinguer les côtes sinueuses de l'ancienne Phénicie, il aperçoit se détachant de la mer pour s'élancer vers le ciel le promontoire du Carmel : c'est pour le pèlerin comme le phare de la Terre Promise qui lui annonce le voisinage de la patrie du Christ et la terre des patriarches.

Laissant l'antique Ptolémaïde (aujourd'hui Saint-Jean d'Acre) à gauche, le navire jette l'ancre dans la baie de Caïpha au pied du Mont Carmel.

Cette chaîne de montagne dont l'altitude varie de deux cent à cinq cent soixante-dix mètres, s'étend sur un parcours de six à huit kilomètres vers la plaine d'Esdrelon à l'Est. Au Sud, sa longueur est d'environ vingt-cinq kilomètres ; elle vient mourir ensuite où la plaine de Sâaron commence, formant par ses pentes sur le territoire qu'elle traverse les pittoresques vallées et collines de la Samarie.

Au pied du Mont Carmel, qui, par sa situation, confinait aux tribus d'Aser, d'Issachar, de Manassé et de Zabulon, s'élevaient aux temps des romains les stations de *Calamon*, *Sycaminon*, *Certha* que traversait l'ancienne voie romaine.

Cette voie aujourd'hui encore visible fut suivie et décrite en 333 par un des premiers pèlerins de la Gaule, l'auteur de l'*Itinerarium a Burdegala Hierusalem usque*, dont l'archétype se trouve dans la bibliothèque capitulaire de Vérone.

Cette montagne bénie dont le nom est en grec Καρμηλος signifie d'après l'hébreu

Ha-Carmel jardin ou vignoble. C'est là selon quelques auteurs, que Lamech vengea la mort d'Abel dans le sang de Caïn (1) et que le prophète Elie confondit les prêtres de Baal. Lorsque la Sainte Ecriture veut se servir de comparaisons gracieuses, c'est toujours au Mont Carmel qu'elle a recours, soit dans la bouche inspirée d'Isaïe (xxv, 2), soit dans le cantique des cantiques (vii, 5) ; partout elle vante la beauté du Carmel...

Mais ce qui rend à jamais célèbre cette montagne, c'est le séjour qu'y firent les prophètes Elie et Elisée, et la vision dont le premier fut favorisé par l'apparition de cette nuée mystérieuse qui, sous forme d'une pluie bienfaisante après plusieurs années de sécheresse, vint rendre à la terre la fécondité et la vie.

Plusieurs Saints Pères, et l'Eglise elle-même dans son office, ont regardé cette nuée mystérieuse comme le symbole de la Très Sainte Vierge (2).

(1) Mgr Mislin. — Les lieux saints, t. iii.
(2) III Rois xviii. — Off. B. M. V. Mont Carmelo xv juil.

En dehors de la Sainte Ecriture, Tacite (1), Suetone, (2), Pline (3), nous parlent du Mont-Carmel comme étant un lieu saint ; — Jamblicus dans sa vie de Pythagore, nous dit même que ce grand philosophe aimait à s'y retirer pour prier (4).

C'est au treizième siècle que l'histoire nous montre les disciples de saint Simon Stock, reprenant sur la sainte montagne les traditions anachorétiques transmises par l'école des prophètes, fondée en ce lieu par Elie.

Antérieurement à cette époque, les fils du patriarche de Nurcie faisaient déjà retentir les échos de cette montagne bénie, de la louange divine. — Sainte Marguerite était selon Yepès le titre de ce premier monastère bénédictin au Mont-Carmel (5).

Le couvent des Pères Carmes, qui *Le Couvent.*

(1) Hist. L. ii. chap. lxxviii. — (2) Vie de Vespalien V.

(3) Liv. v, chap. xvii. — (4) In vita pythagor C. iii.

(5) Orient Latin iii itin. — Cartulaire du Saint-Sépulcre. Godex diplomatique Seb-Paoli 122-140. Du Cange fam. d'outremer, p. 830.

s'élève au sommet du Mont-Carmel, est fort vaste, et a plutôt les proportions d'une forteresse, ses murs ayant jusqu'à plusieurs mètres d'épaisseur.

L'Église.   L'église desservie par des religieux de différentes nations en occupe le centre : elle est surmontée d'une coupole qui, dominant les terrasses, couronne ainsi l'ensemble de l'édifice. Cette église de forme grecque quoique simple est fort belle : sous le chœur se trouve la crypte ou grotte naturelle du prophète Elie, que les musulmans ont en grande vénération. Au-dessus de l'autel principal, s'élève le trône de Notre-Dame du Carmel.

La Bibliothèque   La bibliothèque du couvent composée en grande partie d'ouvrages anciens fort rares, possède deux incunables fort précieux. Ce sont deux petits exemplaires de l'Imitation, contenant des notes manuscrites du xve siècle, et qui désignent Gerson comme l'auteur de ce livre admirable.

En dehors de la réception des hôtes, les bons Pères Carmes préparent une célèbre eau de mélisse dont l'éloge et la réputation ne sont plus à faire. Dire ce que ces serviteurs de Marie ont eu à subir de persécutions et de vexations de la part des grecs et des protestants allemands qui envahissent la sainte montagne et avec lesquels ils sont continuellement en lutte, serait véritablement trop long. Mais Marie, la gloire du Carmel, les assiste.

« Vivre dans la retraite comme Elie,

» Prier Dieu sur la montagne comme
» Moïse,

» Recevoir les pèlerins comme Tobie,

» Soigner les malades comme le bon
» Samaritain. »

Telle est, selon la juste expression de Mgr Mislin, l'œuvre de ces bons religieux.

Devant le monastère, un monument *Le Monument.* en forme de pyramide indique le lieu où reposent les soldats français massacrés par les musulmans après la retraite de Bonaparte. A leur retour sur le Mont . Carmel, les religieux recueillirent pieusement les restes de ces malheureux et leur donnèrent une sépulture digne et chrétienne.

Sur le flanc du Carmel on voit une grotte, jadis synagogue, aujourd'hui mosquée, où, selon la tradition, Elie et les fils des prophètes se retiraient pour étudier la Sainte Ecriture, et se livrer à la contemplation. C'est dans cette grotte que la Sunamite vint trouver Elisée, et que selon une tradition également reçue, la Sainte Famille se réfugia au retour d'Egypte (1).

Jardin d'Elie. Au sud-est du couvent se trouve le jardin légendaire d'Elie, où le prophète, pour punir un jardinier malveillant obtint du ciel que ses légumes fussent pétrifiés. Il y a quelques années, on trouvait encore de ces pierres en assez grand nombre qui affectaient la forme des

(1) Fr. Liévin. Guide de T. S., t. III, p. 180.

melons, citrouilles, cornichons, etc., etc.
En 1885 nous avons pu en recueillir des
spécimens conservés en l'abbaye de
Marseille. Ce sont des geodes, sorte de
pierres creuses tapissées de cristaux à
l'intérieur, ayant les mêmes formes et
dispositions que les cucurbitacées.

Le phare qui domine le Mont-Carmel
au Sud occupe l'emplacement de l'église
élevée autrefois en ce même lieu par
sainte Hélène en l'honneur du prophète
Elie (1).

En quittant la sainte Montagne, on
traverse une colonie allemande établie
sur l'emplacement de l'antique *Helba*
de la tribu d'Aser, et de la *Mutatio
Sycaminon* des Romains (2) : on arrive
ensuite à la petite ville moderne de
Caïpha, peuplée d'habitants de tous
rites, et possédant plusieurs églises
catholiques, un couvent de Pères Carmes
où les pèlerins sont toujours bien

*Chemin
biblique
et historique.*

(1) Niceph : Calixte hist : eccl.

(2) V. Guérin Palestine occidentale p. 165. Un monastère de
Carmélites s'élève aujourd'hui en ce lieu.

accueillis, des écoles dirigées par les Frères des Écoles chrétiennes, un orphelinat et un dispensaire tenus par les Dames de Nazareth.

Après avoir traversé la ville, on longe les pentes du Mont-Carmel pendant environ deux heures et on atteint le *Cison*, ruisseau peu important en été ; mais torrent parfois dangereux en hiver : autrefois, ses eaux impétueuses roulèrent jusqu'à la mer les débris de l'armée de Sisara, général de Jabin, roi de Chanaan, battu par Barac et Débora (1).

Lorsqu'on a franchi le Cison on traverse le petit village de *Jebda*, ancien Jedala de la tribu de Zabulon, et (2) bientôt on distingue au Sud-Est, dominant la chaîne du Carmel, un petit monument. que les indigènes désignent sous le nom de *El-Moharkâh*, qui signifie le lieu du sacrifice. C'est en effet là que Dieu confondit les faux

(1) Juges IV. V.

(2) Josué, XIX, 15.

prophètes de Baal, par l'intermédiaire du prophète Elie qui les châtia devant le roi Achab (1).

Avant d'arriver en vue de Nazareth, la route passe sur l'emplacement de l'antique Simoniade où les romains essayèrent en vain de surprendre Flavius Josèphe (2).

Puis on laisse successivement à droite sur les hauteurs *Maroul*, ancien Merala de la tribu de Zabulon (3) et à gauche *Yapha*, ancien Japhieh de la même tribu (4), patrie de Zébédée père des apôtres Jacques et Jean.

Pendant que l'on parcourt la route de Nazareth on est constamment sur le territoire de la tribu de Zabulon et on aperçoit sur la droite l'immense plaine d'Esdrelon, semblable à un vaste désert à peine cultivé car il est habité de temps à autres par quelques tribus nomades

Plaine d'Esdrelon.

(1) III Rois XVIII.
(2) Autobiographie IX.
(3) Fr. Liévin, t. III, p. 167.
(4) Josué XIX, 13.

qui s'y transportent avec leurs tentes et leurs troupeaux. — La vue de ces bédouins des déserts et de leurs camps rappelle assez la vie des patriarches Jacob et Abraham, qui ont foulé cette terre, et dont Gelboë et Dotaïn qu'on aperçoit au loin, font revivre la mémoire.

Les Bédouins. Abd-el-Kader a fort bien dépeint dans ces quelques lignes, les mœurs de ces arabes au goût si vif pour l'indépendance.

« O toi qui condamnes l'amour des
» bédouins pour leurs horizons sans
» limites,

» Est-ce la légèreté que tu reproches
» à nos tentes ?

» N'as-tu d'éloges que pour les mai-
» sons de pierres et de boue ?

» Si tu savais les regrets du désert, tu
» penserais comme moi,

» Si tu t'étais éveillé au milieu de
» ces plaines sans fin !

» Si tes pieds avaient foulé ces tapis
» de sable, parsemés de fleurs semblables
» à des perles,

» Tu aurais admiré nos plantes ;
» l'étrange variété de leurs teintes, leur
» grâce, et leur parfum délicieux,
» Tu aurais respiré ce souffle chaud
» et embaumé qui double la vie : — car
» il n'a pas passé sur l'impureté des
» villes !... »

*
* *

Indépendamment de la route que nous venons de décrire et qui est la plus courte (sept heures), deux autres chemins conduisent également à Nazareth. Ils traversent le Cison sur le bord de la mer, et ne se séparent qu'à *Chepha-Amr*, localité mentionnée par Flavius Josèphe (1).

L'une de ces routes passant par *Aïn-Safourieh* où Guy de Lusignan campa avant la funeste bataille d'Hattîne se rend directement à Nazareth. L'autre passe près d'*Abeline* (Abela) où Seba révolté contre David, fut poursuivi par

Séphoris.

(1) Autobiographie ix.

Joab et perdit la vie (1) et à Séphoris, on en montre l'emplacement de la maison des parents de la Très Sainte Vierge.

Par ces deux chemins on a tour à tour de belles échappées sur la mer, Saint-Jean d'Acre et l'Hermon.

(1) ii Rois xx.

CHAPITRE II

Nass-Râh. — La Cité des Fleurs.

Dès qu'on a franchi le premier contrefort des montagnes qui masquent Notre-Dame de l'Effroi Nazareth, on atteint le lieu dit de l'Effroi ou *Santa Maria del tremore* : c'est, en effet, là que la Mère du Sauveur arriva pleine de frayeur à la suite des juifs de la synagogue qui voulaient jeter son divin fils du haut d'un rocher voisin dans un précipice (1).

Notre Seigneur qui venait de commencer sa vie publique, eut ainsi un essai d'agonie en Galilée, précédant ainsi le drame du Calvaire. — En ce lieu, pour perpétuer la mémoire du fait, se trouvait jadis un couvent de moniales bénédictines (2).

(1) Saint Luc iv, 29.

(2) V. Guerin, p. 296.

Aujourd'hui ce monastère a fait place à une modeste chapelle et à un couvent de clarisses... De la montagne de l'effroi de Notre-Dame, on jouit d'une magnifique vue d'ensemble sur Nazareth dont le nom qui signifie *Ville des Fleurs*, est pleinement justifié en la printanière saison. Agréablement bâtie en amphithéâtre, ses blanches maisons à terrasses, son clocher, ses dômes et ses minarets viennent encore lui ajouter un cachet gracieux tout particulier qui émeut et qui charme.

L'Église de l'Annonciation.

Le premier sanctuaire où le pèlerin porte ses pas est celui de l'Annonciation. Chacun sait que la Sainte Maison (Santa Casa), où l'ange annonça l'incarnation du Verbe à Marie fut transportée en Dalmatie, puis, en 1284, à Loretto en Italie, où depuis cinq siècles, on accourt de toutes parts pour la vénérer.

Quarante-deux ans avant ces translations, Saint Louis la visita. C'est de cette époque, dit-on, que date l'usage de s'agenouiller aux paroles *Et homo factus est* du Credo : ce saint roi l'introduisit à son retour dans la liturgie de sa chapelle, et depuis cet usage s'est généralisé (1).

Si le pieux pèlerin n'a pas la consolation de prier dans la maison même où pour la première fois retentit la « Salutation angélique » il a du moins celle de vénérer son emplacement et une petite grotte dite : Cuisine de la Très Sainte Vierge, qui devait y attenir et qui forme la crypte de l'église paroissiale desservie par les Pères Franciscains.

A quelques pas de l'église de l'Annonciation, des fouilles dirigées avec autant de tact que de soins par la Révérende Mère Giraud, supérieure de l'établissement des Dames de Nazareth, ont amené la découverte d'un sanctuaire fort important, celui de la Nutrition de Notre Seigneur.

Le lieu de la Nutrition de N.-S.

Voici comment saint Jérôme s'exprime au sujet

(1) Chipier. — Vie liturgique, p. 83.

de ce sanctuaire très en vénération au ɪᴠᵉ siècle :
« Nazareth...... habet Ecclesiam in loco quo angelus
» ad beatam Mariam evangelizaturus intravit ? *sed et*
» *aliam ubi Dominus est nutritus* (1). »

Sainte Silvie qui visita Nazareth vers 380 (2), Arculphe en 670, le Vᵇˡᵉ Béde en 720 et nombre d'autres auteurs nous parlent de ce sanctuaire, dont Cotevic vit les ruines en 1619, à un jet de pierres de l'église de l'Annonciation (3). Environ cinquante ans plus tard, Quaresmius l'indiquait comme devant se trouver sous l'emplacement actuel, qui est celui de la mosquée de *Abd-el-Sahmad* (du Saint) où les Dames de Nazareth l'ont précisément découvert (4).

Cette découverte, si peu importante en apparence, souleva au début une polémique si violente que l'on n'osait pas même aller visiter ces ruines si intéres-

(1) Sᵗ Hier. De locis hebraïcis.

(2) La relation de cet important pèlerinage, nous a été conservée par Paul le diacre bibliothécaire du Mont-Cassin au douzième siècle. *Peregrinatio Sanctæ Silviæ Ad Loca sancta : Edit Gamurini p. 130.*

(3) Itin : Cotovici ch. ᴠɪ, p. 349.

(4) Quaresmius Elucidatio : T. S.

santes, dans la crainte de mécontenter ceux que cette découverte paraissait contrariés.

En publiant les lignes qu'on vient de lire on se figurerait difficilement ce qu'elles ont provoqué de bile et de mauvaise humeur chez les adversaires du sanctuaire de la Nutrition.

Dans un excellent article paru le 18 octobre 1890 dans la Terre Sainte illustrée, sous la signature de M. l'abbé Raboisson, et portant le titre *les Fouilles de Nazareth*, ce savant orientaliste fait justice d'un pamphlet anonyme paru au Caire lors de la première édition de ce travail, nous y renvoyons le lecteur. Pour nous si on retrouve un nouveau sanctuaire en Palestine, loin de diminuer notre dévotion aux autres il ne fera au contraire que l'augmenter.

L'abbaye de Palmarea.

Le lecteur comprend toute l'importance de cette petite digression sur un sanctuaire retrouvé récemment, et qui doit occuper le lieu où s'élevait au moyen âge *l'abbaye bénédictine de Palmarea* dont l'emplacement a exercé depuis peu la sagacité de savants palestinographes. Les palmiers fort abondants à *Scythopolis*, dont le siège archiépiscopal fut transféré à Nazareth, motivèrent sans doute le titre de cette abbaye.

Fondée antérieurement à 1120 par Gormond qui en fut longtemps administrateur, elle fut confiée aux moines de Cluny, que le Pape Alexandre III y envoya à la demande d'Amauri, roi de Jérusalem. Aux beaux jours du royaume latin, l'abbaye de Palmarea dut être très florissante, car dix-huit ans plus tard nous trouvons le nom de son abbé souscrit dans un acte royal de Foulques d'Anjou, roi de Jérusalem.

Jusqu'à nos jours une tradition fort précieuse rappelle le passage des fils de saint Benoît à Nazareth (1).

Synagogue. Après l'Église de l'Annonciation et le sanctuaire de la Nutrition, le lieu le plus vénérable de Nazareth est incontestablement l'église des grecs catholiques qui s'élève sur l'emplacement de la synagogue où Notre Seigneur com-

(1) Sur l'abbaye de Palmarea consulter : Dom Calmet; dict. : de la Bible. Du Cange : familles d'outremer ; Rey : colonies franques en Syrie ; E. Rozière : cartulaire du Saint-Sépulcre ; Mabillon act : SS. O. S. B. sœc VI, pars I § N° 11.

mença sa vie publique en interprétant une prophétie d'Isaïe, le concernant (1).

La tradition indique encore à Nazareth *Mensa Christi.* une grande pierre dite Mensa Chisti sur laquelle Notre Seigneur fit un repas avec ses disciples après sa résurrection, un petit oratoire bâti sur l'emplacement de l'atelier de Saint Joseph (?...) et, dans une église schismatique, la fon- *Fontaine Notre-Dame.* taine Notre-Dame où suivant la tradi- tion l'Héritière des Rois de Judas allait puiser de l'eau.

Nazareth où la voix de l'ange annonça la naissance du Verbe et où le dialogue sublime de l'Incarnation retentit, ne fut visité qu'une seule fois par Notre Seigneur dans sa vie publique. La dureté et la jalousie de ses habitants à son égard motivèrent sans doute cet abandon.

(1) Saint Luc IV, 16.

CHAPITRE III

De Nazareth à Tibériade

Deux chemins conduisent de Nazareth au lac de Tibériade : celui de Cana nous y conduira à l'aller, et celui du Thabor au retour. Entre Nazareth et Cana, le pèlerin aperçoit, couronnant une colline au N. W., le village de Mesched, ancienne Gethepher de la tribu de Zabulon, patrie du prophète Jonas qui y fut *Cana.* inhumé (1). Puis vient Cana où, à la prière de sa Mère, Notre Seigneur fit son premier miracle.

Cette antique localité porte aujourd'hui le nom de Kefr (hameau) Cana ; elle est assise d'une façon pittoresque

(1) Jos : xix, 13. — IV Rois xiv, 25. — Quaresmius t. ii, p. 855.

sur le bord d'un vallon couvert de roseaux. Ce gracieux hameau se trouve à environ six kilomètres de Nazareth, douze du Thabor et vingt de Tibériade : c'est, selon l'expression de M. de Saulcy, un des lieux les plus célèbres de l'histoire évangélique. L'époux des noces privilégiées auxquelles assista Notre Seigneur était, selon quelques auteurs, Simon le chananéen, fils de Cléophas, frère de saint Joseph et plus tard apôtre ; il était par conséquent neveu de la Très Sainte Vierge et cousin germain de Notre Seigneur (1).

En guérissant à Cana le fils d'un officier de Capharnaüm qui le priait de se rendre chez lui, Notre Seigneur y fit également son second miracle (2). Une petite mosquée en ruines occupe l'emplacement de la maison de Nathanaël. Près de là, s'élève une église schismatique dans laquelle on montre deux

(1) Abbé Létard, Tableaux évangéliques, t. I, p. 256.

(2) Saint Jean IV, 45.

urnes ayant servi aux noces privilégiées, suivant ce qu'assurent du moins les popes (?).

Laissant Cana, le pèlerin rencontre à environ quatre kilomètres, en un lieu très fertile situé à droite du chemin, le champ des épis dont il est parlé dans l'Evangile (1). Traversant ensuite une plaine où en 1799 les français soutinrent le choc des mamelucks et firent des prodiges de valeur, on se dirige vers une colline du haut de laquelle Notre Seigneur prononça l'admirable discours des synoptiques.

Le Mont des Béatitudes que les indigènes nomment Kurn-Hattîne s'élève à environ cinquante mètres et mesure un arc de superficie à son sommet. De là, on jouit par un temps favorable, d'une vue immense sur le lac de Tibériade, les montagnes de Galaad, le Thabor et le grand Hermon. Au nord dominant une élévation on aperçoit Safed *(Saphet)*

(1) Saint Mathieu, viii.

ville célèbre située près de Nephtali, patrie de Tobie (1), que les juifs comptent parmi les villes saintes, et où ils prétendent que le prophète Osée a reçu la sépulture.

Jusque-là, la route est habituellement pénible et accablante à cause des fortes chaleurs, mais la joie qu'éprouve alors le pèlerin à la vue de la mer de Galilée, et des riantes plaines qui se déroulent à ses yeux et sous ses pieds en quittant le Mont des Béatitudes, lui ont bientôt fait oublier les fatigues et les longueurs de la route.

La terre qu'on foule alors n'est-elle pas celle qui fut témoin de ces discours vivants et pleins de charme, aussi variés par les sujets que par la forme? N'est-ce pas là que Notre Seigneur développait ses paraboles aussi simples que touchantes, et dont on saisit d'autant mieux le sens que l'on se trouve devant les lieux où se tenaient les auditoires

Les Paraboles divines.

(1) Tobie I, I.

rustiques, auxquels le divin Maître les adressait. L'évangile nous apprend que Notre Seigneur aimait surtout à se servir de paraboles, parallélismes vivants, et fort appreciés de ses contemporains (1). Nous en connaissons environ trente, nous dit le savant abbé Vigouroux. Seize empruntées aux usages de la vie sociale et domestique, et neuf tirées de l'agriculture, de la vie pastorale et de la pêche : presque toutes eurent le territoire compris entre le Mont des Béatitudes, le lac de Tibériade et ses rivages pour théâtre (2).

Trois kilomètres au delà du Mont des Béatitudes, on voit à gauche du chemin des blocs de basalte qui, selon quelques auteurs, occupent le lieu de la multiplication des pains, que l'auteur du Manuel biblique place avec plus de vraisemblance à l'est de Capharnaüm sur la côte orientale du lac (3).

(1) Saint Mathieu XIII, 24.
(2) Manuel biblique, t. III.
(3) Saint Jean xxv.

CHAPITRE IV

Tibériade et la mer de Galilée

Tibériade où l'on arrive ensuite fut Tibériade. fondée dix-sept ans avant l'ère chrétienne, par Hérode Antipas, tétrarque de Galilée, qui lui donna le nom de Tibère et en fit sa capitale. Fort célèbre au temps de la domination romaine, elle fut dès lors considérée par les juifs, comme une nouvelle Jérusalem (1).

C'est à Tibériade que Notre Seigneur établit par quelques paroles la suprême hiérarchie de son église, qu'il apparut après sa résurrection à ses disciples, et qu'il leur donna ses dernières instructions.

(1) La Mischna et le Talmud sortirent de ses synagogues, au IVe siècle la renommée de ses rabbis était encore si grande que saint Jérôme choisit l'un d'eux pour se faire instruire dans la langue hébraïque.

On ne retrouve plus rien aujourd'hui de la ville bâtie par Hérode, qui fut plusieurs fois détruite au cours du moyen âge. La ville actuelle remonte à l'époque des croisades, mais la presque totalité de sa population est juive comme autrefois. On y trouve cependant deux paroisses catholiques, une grecque et une latine desservie par des religieux franciscains espagnols ; à cette dernière se trouve adjoint un hospice où les pèlerins sont sûrs de trouver un accueil sympathique et cordial.

La mer de Galilée. Ordinairement on se rend de Tibériade à Capharnaüm en barque et on retourne par le littoral. Par les deux voies on jouit de vues magnifiques, sur les côtes jadis peuplées de riantes localités aujourd'hui inhabitées. Cette mer intérieure dont les eaux scintillent au lever du jour en flots diaprés, fut traversée en tous sens par Notre Seigneur aussi il en parcourait souvent les bords (1). C'est

(1) St Mathieu xvii, 23, 26.

du sein de ses eaux, que le poisson apporta la drachme du tribut.

Notre Seigneur commandant à la mer et aux vents, calma les flots en furie, puis marcha sur les eaux après les avoir réduites au silence (1). Il y eut sur le lac deux pêches miraculeuses (2). La première, en haute mer, au début de la prédication de l'Évangile; c'est à la suite de cette pêche que le divin Sauveur annonça à Saint Pierre que désormais il serait pêcheur d'hommes; c'est aussi sur ses bords que les apôtres quittèrent tout pour suivre Jésus. La seconde pêche eut lieu non loin de Tibériade, sous les yeux de Notre Seigneur ressuscité. Là, il confirma en quelques mots la suprématie de Saint Pierre sur les apôtres, en le mettant à la tête du gouvernement de son Église (3).

C'est monté sur une barque ou sur les

____

(1) St Mathieu xiv : 22, 34, viii : 23, 27.

(2) Saint Luc, v : 1, 11.

(3) Saint Jean xxi; 1, 13.

bords du lac, que Notre Seigneur se plaisait à instruire les foules qui se pressaient sur ses pas, avides d'entendre sa parole sacrée. Deux fois il y multiplia le pain substantiel après les avoir nourris de sa parole divine (1).

« J'ai créé sept mers, mais je ne m'en suis réservé qu'une, celle de Génézareth. » Telles sont les paroles que les juifs placent dans la bouche du Seigneur, pour exprimer la beauté et l'étendue de la mer de Galilée (2).

Sa longueur est d'environ vingt kilomètres, sa largeur de huit et son niveau est de cent quatre-vingt-onze mètres au-dessous de celui de la Méditerranée.

Magdala. Quittant Tibériade, le pèlerin aperçoit à environ quatre kilomètres sur la rive gauche, le misérable village auquel les indigènes donnent le nom Medjdel, et qui selon le frère Liévin, serait l'ancienne Magedan de saint Mathieu, et Dalma-

(1) Saint Mathieu xiv ; 14, 21, xv ; 32, 38.
(2) Midrasch Fillim; L. iii, 1.

nutha de saint Marc. Il y a lieu de croire que c'est là Magdala patrie de sainte Marie-Madeleine (1).

Encore quatre kilomètres et nous rencontrons Bethsaïde, patrie des apôtres Pierre, Philippe et André. L'emplacement de cette localité ne doit pas être confondu avec le Bethsaïde Julias (El Tell) où Notre Seigneur ouvrit les yeux à un aveugle (2). *Bethsaïde.*

Selon M. l'abbé Vigouroux, Carozaïn, que Notre Seigneur confondit dans sa malédiction avec Bethsaïde, ne serait pas éloignée de cette dernière (3).

Bethsaïde et Capharnaüm où la barque amène les pèlerins, dépendaient non d'Hérode Tétrarque de Galilée, mais de son frère Philippe Tétrarque du territoire situé au nord du lac (Thraconite, Gaulatide et Béthanée). C'est là qu'au moment où saint Jean le précurseur *Capharnaüm.*

(1) Saint Mathieu xv ; 39 ; Saint Marc, viii ; 10.

(2) Saint Marc viii ; 22.

(3) Manuel biblique t. iii.

venait de disparaître de la scène évangélique, que Notre Seigneur commença à
exercer les fonctions de son ministère.
C'est aussi pour pouvoir enseigner sa
doctrine avec plus de fruits et de liberté,
qu'il vint s'établir à Capharnaüm où le
concours des Juifs et des Gentils attirés
par le commerce était fort grand.

Cette importante cité que les Juifs
nommaient Kaphar-Nachüm et que les
Grecs écrivent (Καφαρναουμ) Caper-Naüm
était alors bâtie sur le bord occidental
du lac de Génézareth près de l'embou-
chure du Jourdain à deux lieues de
Tibériade, résidence d'Hérode, et était
entourée par la riante vallée de Génézar
« jardin de la richesse et de l'abondance »
qui donna son nom à la mer de Galilée.
Capharnaüm signifie ville de consolation, mais ce n'est plus aujourd'hui
qu'un amas de ruines couvertes par des
herbes parasites et peuplées de reptiles
et de lézards ; les arabes les désignent
sous le nom de Tell-Houm.

Au cours de ses excursions dans la Décapole, aux confins de la Phénicie et en Judée, Notre Seigneur revint environ huit fois dans sa ville de prédilection où il fit de nombreux miracles et annonça le grand mystère eucharistique (1).

C'est donc en vain que l'on chercherait aujourd'hui Capharnaüm, jadis si opulente ; ainsi que Bethsaïde et Corozain, ses sœurs, elles ont succombé sous le poids de la malédiction divine.

Laissons, en retournant à Tibériade, la parole à Flavius Josèphe, l'historien des Juifs du premier siècle, qui nous a laissé une description des bords du lac en son temps.

Rivages du Lac.

« Le territoire qui entoure le lac, dit Josèphe, surprend par sa beauté et par sa fertilité tout à la fois. Il n'est pas de plantes que sa nature ne soit capable de produire, le climat est tempéré et propre à reproduire toute sorte de fruits ; on y

(1) Saint Jean VI, 24.

trouve les arbres des pays froids et on
voit se développer à leurs côtés ceux
qui exigent une grande élévation de
température : les palmiers, les noyers,
les oliviers, les figuiers tous ceux qu'on
pourrait désirer en un mot y sont réunis
avec la plus grande abondance. Il sem-
blerait que la nature, dans l'effusion de
sa tendresse envers ce beau pays, a
voulu se procurer le divertissement de
répandre sur son heureux sol des
plantes rivales les unes des autres, en
créant ainsi une région qui n'a rien à
envier aux plus agréables et aux plus
heureuses de la terre (1). »

A l'exception des produits dus au travail et à l'industrie des hommes, le
tableau des ouvrages du lac n'est guère
changé depuis : la nature, sauf la culture
qui doit en seconder le développement,
est toujours la même. Sous le poids de
la malédiction qui s'est appesantie sur
elle, cette terre doit demeurer solitaire

(1) Flav : Joséphe, Liv. iii.

et dévastée jusqu'à la fin des temps ;
seules quelques misérables cabanes
semées çà et là rappellent encore un
peu de vie sur ces bords où régnaient
jadis l'opulence et la fécondité.

CHAPITRE V

De Tibériade au Thabor

La route de Tibériade au Mont Thabor est d'environ cinq lieues. Elle offre par l'absence de souvenirs historiques et par sa monotonie, un trajet relativement pénible pendant lequel le pèlerin peut méditer sur les souvenirs signalés et dont le théâtre se voit au loin. On se reporte aussi par la pensée aux temps où, en ces lieux, nos vaillants ancêtres perdirent la désastreuse bataille d'Hattîne et où la croix du Sauveur, rougie du sang des évêques qui la portaient, tomba entre les mains des musulmans, c'était en 1187. Vers la fin du siècle dernier, à la tête de six mille cavaliers, Murat mit en déroute l'armée musulmane aussi nombreuse, dit un auteur, que les étoiles du ciel et les grains de sable du désert.

Gédéon et Débora, Guy dé Lusignan, Tancrède, saint Louis et Bonaparte, tels sont les principaux noms des héros que rappellent à la mémoire les lieux que le pèlerin parcourt.

Soit que l'on vienne de Nazareth ou de Tibériade, on arrive au petit village de Dabarieh ou Dabaroth, dernière ville de la tribu de Zabulon, sur la limite de celle d'Issachar. Elle est située sur les premières pentes du Mont Thabor; c'est *Mont Thabor.* en ce lieu que les apôtres qui n'avaient pas suivi Notre Seigneur sur la montagne, l'attendirent en essayant en vain de délivrer un jeune possédé muet (1).

Douze siècles avant la transfiguration de Notre Seigneur le nom de cette montagne nous est déjà signalé par les livres des Juges. On voit que son histoire est fort ancienne (2).

(1) Saint Marc xi, 13.
(2) Juges viii, 18.

Son altitude est de 610 mètres au-dessus du niveau de la mer et de 400 sur la plaine d'Estrelon qui se déroule à ses pieds ; son plateau qui a environ 550 mètres sur 250 de superficie était jadis la limite des tribus d'Issachar et de Zabulon (1).

Cette montagne, chantée par le Roi Prophète et sanctifiée selon l'opinion générale par la transfiguration du Sauveur, fut donnée lors de l'établissement du royaume latin aux fils de saint Benoît qui selon l'expression du Psalmiste y firent alors retentir les cantiques de la louange divine. (2).

La fondation de l'abbaye du Mont Thabor paraît remonter à 1101. Après quelques années d'installation, les fils de saint Benoît scellèrent de leur sang leur nouvelle fondation. L'abbaye se releva bientôt, et les lettres de Pierre-le-Vénérable aux religieux du Mont Thabor soutinrent plus tard ceux qui vinrent

(1) Josué x, 22.
(2) Ps. ; LXXXVIII, 13.

remplacer ces héros martyrs de leur foi et avant-garde d'une civilisation alors inconnue en Orient (1).

Après la funeste bataille d'Hattîne, et une lutte désespérée qui dura plusieurs années, la Sainte Montagne tomba définitivement aux mains du vainqueur qui n'y laissa que des ruines ; jusqu'en 1864-70 il n'y eut plus d'établissement sur le Mont de la Transfiguration.

Lors de sa réoccupation les schismatiques nous ont malheureusement devancés.

Voici comment A. de Noroff racontait en 1864 cette reprise de possession.

Les grecs, dit-il, viennent de relever le sanctuaire et le couvent de la transfiguration, qui est sous la juridiction de l'évêque du Mont Thabor. On a profité des ruines de la belle église, qui a été

Les Grecs et les Latins.

(1) Sur l'abbaye du Mont Thabor voir J. de Vitry : Hist. occident., ch. 38. Baronius ann. 1113. Boll., t. 1, p. 442. Bx P. de Cluny lettre 44. P. L. vol. 189. Cart. du Saint-Sépulcre, n° 142. Seb. Paoli, Cod. diplom., t. 1, E. Rey : Colonies franques en Syrie. De Vogüé, Les égl. de T. S., 349-354. — Orient latin, p. 104.

érigée par sainte Hélène : les chrétiens de Nazareth venaient officier sous les voûtes souterraines de cette église au jour de la Transfiguration. Les ruines de la forteresse dont nous parle Polybe et Flav. Josèphe sont assez considérables. Une des portes de cette forteresse bâtie avec des blocs énormes, couronne le sommet de la montagne ; les arabes donnent à cette porte le nom de Bab-oul-Haouna c. a. d. Porte des vents (1).

C'est seulement en 1873, que les latins en ont repris possession d'une partie. Il y a quelques années en 1885, les Pères Franciscains ont commencé à y déblayer les ruines de l'ancien monastère et à construire une modeste chapelle et un hospice destiné à recevoir les pèlerins, qui viennent visiter la Sainte Montagne. (2).

(1) Voyage de l'Igoumène Daniel : traduction de A. de Noroff. Note p. 110-111.

(2) Frère Liévin ; Guide de T. S. édit. 1887, t. III, p. 114.

CHAPITRE VI

Du Thabor à Djénin (Samarie)

De son sommet, on jouit d'un pano- Plaine d'Esdrelon rama fort étendu sur la Galilée et sur la plaine d'Esdrelon où serpente le Cison, torrent dont les bords furent témoins de la célèbre défaite de Sisara, général des Chananéens, battu par Débora (1) et aussi plus tard de celle d'Alexandre Aristobule par Gabinus (2).

Cette plaine vaste et fertile, que l'on a si justement nommée le paradis et le grenier de la Syrie, occupe une super-ficie d'environ 50 kilomètres sur 25.

Au centre de ce territoire dont la

(1) Juges iv, 5.

(2) Flav Josèphe ant : I ; xiv, 11 et 13.

fécondité est prodigieuse, on remarque le misérable village d'El-Fouleh, ancienne ville d'Aphec près de laquelle Benadad, roi de Syrie, perdit cent mille hommes contre Achab qui commandait l'armée d'Israël (1).

Fertile au printemps, mais aride le reste de l'année, cette plaine est un théâtre devant lequel on peut se représenter tous les événements des premiers âges du peuple juif, de l'occupation romaine, de l'époque des croisades, et de la guerre de Syrie. Dans cette dernière, couverte des tentes des guerriers, elle se transforma en un immense champ de bataille.

Endor. Quittant le Mont Thabor, on laisse dans la plaine le petit village d'Iksal, ancien Cassaloth d'Issachar (2), et laissant à l'est le misérable hameau d'Endor où Saül vint consulter la pythonisse, on se dirige vers le petit Hermon que l'on

(1) III Rois xx, 3o.

(2) Josué xix, 18.

contourne pour en franchir au nord les premières pentes sur lesquelles se trouve le petit village de Naïm; c'est là que Notre Seigneur ressuscita le fils de la veuve (1). *Naïm.*

A environ six kilomètres de Naïm, on rencontre le village relativement important de Sunam. L'hospitalité avec laquelle le prophète Elisée fut reçu chez cette femme dont il ressuscita le fils, y est devenue proverbiale (2).

Sunam, qui était de la tribu d'Issachar, paraît avoir été comme un camp retranché à l'époque des guerres juives. Les Amalécites et les Madianites y campèrent avant de combattre contre Gédéon (3); il en fut de même avant la lutte entre les Amalécites et l'armée de Saül (4). *Sunam.*

Cinq kilomètres plus loin sur un mamelon isolé, on traverse Zéraïn *Zeṛraël.*

(1) Saint Luc VII, 11.
(2) IV Rois IV, 36.
(3) Juges VII.
(4) I Rois XVIII, 4.

ancienne Jezraël de la tribu d'Issachar, célèbre par le souvenir du roi Achab et de l'impie Jézabel, qui fut maudite par le prophète Elie pour avoir fait lapider Naboth et pour s'être emparée de sa vigne ; elle y fut dévorée par les chiens (1).

Gelboë. Laissant à gauche les hauteurs de Gelboë, autrefois célèbre par le combat que Saül livra aux philistins et où il *Djenin.* périt (2), on atteint Djenin. Cette ville située sur le penchant d'une de ces collines qui séparent la Galilée de la Samarie, le frère Liévin l'identifie avec l'ancienne Engannin, ville lévitique de la tribu d'Issachar. Flav. Josèphe la nomme Généa.

Un des principaux souvenirs qui se rattachent à cette bourgade est celui des dix lépreux qu'y guérit Notre Seigneur et dont un seul vint le remercier (3).

Djenin se trouve au point où vient

(1) IV. Rois IX, X.
(2) II Rois ; II.
(3) Saint Luc XVII, II.

mourir la plaine d'Esdrelon ou de
Mageddo, et où commencent les montagnes de la Samarie. Assise au milieu
des nopals et des palmiers qu'arrosent
d'abondants ruisseaux, Djenin se pré-
sente aux yeux du pèlerin sous l'aspect
le plus gracieux; sa mosquée, ses mina-
narets et ses maisons perdues dans les
figuiers, font ressembler cette localité à
une délicieuse oasis, qui invite le pèlerin
fatigué à se reposer près de ses sources
et sous ses frais ombrages.

Messieurs les Instituteurs et Ecclésiastiques qui seraient désireux de donner ces lectures en conférences, en les accompagnant, comme nous, de projections lumineuses, auront soin d'énoncer d'abord le sujet de la projection à haute voix et de ne commencer qu'après une légère pause, donnant ainsi aux auditeurs, le temps de considérer la vue projetée. Si la conférence ne demande pas de développement, la lecture de ce qui est en grosse elzévir sera suffisante.

Pour la fourniture des appareils et des photographies, nous croyons pouvoir recommander les maisons suivantes, qui feront aux ecclésiastiques qui voudront nous suivre dans notre œuvre de vulgarisation de la patrie du Christ, des conditions spéciales. — Demander les catalogues : CLÉMENT et GILMER, appareils à projections, 10, rue de Malte. — LACHENAL, photographe, Boulevard Sébastopol, 72. — LIZÉ et COSTIL, photographes, rue Turbigo, 48, Paris. — WALTER TYLERS, vues coloriées, Waterloo Road, 48, Londres, S. E.

LILLE. — IMPRIMERIE VICTOR DUCOULOMBIER.

OUVRAGES DU MÊME AUTEUR

HISTOIRE DE VITROLLES.

ESSAIS HISTORIQUES ET TOPOGRAPHIQUES SUR LA TERRE SAINTE.

DE BORDEAUX A JÉRUSALEM PAR LES VOIES ROMAINES (2me édition).

LETTRES SUR LA SERBIE.

LETTRES SUR LA BULGARIE.

LE SANCTUAIRE DE LA SAINTE FACE A JÉRUSALEM.

Attraverso la Serbia et la Turchia europea (Traduction italienne de D. Luigi Bussi).

Un pellegrinagio da Bordeaux a Gerusalemme (Conférence faite à la Société de Géographie romaine).

A travers les Balkans (Relation anecdotique de mon voyage à pieds jusqu'à Constantinople).

A travers l'Asie mineure. (Continuation de la relation précédente ; DU BOSPHORE AUX MONTS-TAURUS.

BETHLÉEM !... *Excursion à Hébron.*

GALILÉE !... *Du Carmel à Tibériade.*

LA TERRE DE GESSEN !... *Excursion au pays des Pharaons.*

POUR PARAITRE PROCHAINEMENT

DE TAURUS AU LIBAN.

LA SAMARIE ! *Mœurs et Coutumes bibliques de la Palestine.*

LA JUDÉE (1re partie), *De la Méditerranée à la mer Morte.*

LA JUDÉE (2me partie), *Hierusalem !...*

LE TOUR DE LA PALESTINE EN 80 MINUTES ! à l'aide des projections lumineuses.

www.ingramcontent.com/pod-product-compliance
Lightning Source LLC
LaVergne TN
LVHW021820170726
843503LV00007B/3280